Textos por Christina Goodings
Ilustraciones copyright © 2012 Amanda Gulliver
Traductor y editor: Alejandro Pimentel
Esta edición copyright © 2013 Libros Desafío

Libros Desafío
2850 Kalamazoo Ave SE
Grand Rapids, Michigan 49560
Estados Unidos
www.librosdesafio.org

ISBN: 978-1-55883-171-1

Original edition published in English
under the title *My Own Little Christmas Story*
by Lion Hudson plc
Oxford, England
Copyright © Lion Hudson plc, 2012

Impreso y encuadernado en China
Printed and bound in China

Mi pequeña historia de
la Navidad

Christina Goodings
Ilustrado por Amanda Gulliver

La primavera había llegado a Nazaret.
María sonreía mientras saludaba a José.

«¡Qué bonito se ve todo!» — dijo ella.
«Y muy pronto tendremos nuestra boda».

Más tarde, cuando María se encontraba sola,
un ángel se le apareció y habló con ella.

«Dios te ha escogido para que seas la madre de su Hijo» — dijo el ángel. «Él traerá bendiciones del cielo a la tierra».

María se quedó asombrada, pero ella amaba
a Dios más que todas las cosas.

«Haré lo que Dios me manda» — dijo ella.

A José también le habló un ángel.
José aceptó cuidar de María y su bebé.

11

Llegaron más noticias. Pero esta vez venían de parte del emperador. Todos tenían que viajar a sus pueblos de origen para escribir sus nombres en una lista.

María llevaba al niño en su vientre y viajaba
con José rumbo a Belén.

El único lugar que pudieron encontrar fue un establo. Allí nació el niño. María lo envolvió en una manta y lo puso en un pesebre.

En una loma cercana, unos pastores cuidaban de sus ovejas.

¿Quizá hay fieras salvajes escondidas en las sombras? ¡Qué miedo!

De pronto el cielo se alumbró y un ángel
habló:

«Traigo buenas noticias» — dijo el ángel. «En
Belén, esta noche ha nacido el Hijo de Dios.
Él hará que el mundo sea un mejor lugar».

¿Será verdad? Los pastores fueron corriendo
hacia Belén.

Cuando llegaron al establo, encontraron a
José junto a María y al niño Jesús.

Mientras tanto, en otro lugar muy lejano, unos sabios observaban el cielo de la noche.

«¿Se han fijado en esa estrella muy brillante?» — dijeron.

«Es la señal de que un nuevo rey ha nacido».

«¡Vamos a conocerlo!»

Tuvieron que viajar una gran distancia. Y confiaron que la estrella los estaba guiando.

La estrella los llevó hacia Belén, hasta donde estaba Jesús. Trajeron regalos muy finos: oro, incienso y mirra.

María veía cómo los sabios se marchaban de regreso a su país.

«Todo está sucediendo tal como los ángeles me dijeron» — se decía María. «Y ahora José me ha dicho que debemos seguir el viaje para que Jesús esté a salvo».

«Porque cuando Jesús crezca, él traerá la bendición de Dios a todos. Y entonces, podrán ver que el cielo ha venido a la tierra».